Primeros Lectores Ciencias
Alimentos

# Calabazas

Texto: Ann L. Burckhardt
Traducción: Dr. Martín Luis Guzmán Ferrer
Revisión de la traducción: María Rebeca Cartes

Consultora de la traducción:
Dra. Isabel Schon, Directora
Centro para el Estudio de Libros
Infantiles y Juveniles en Español
California State University-San Marcos

**Bridgestone Books**
an imprint of Capstone Press
Mankato, Minnesota

Bridgestone Books are published by Capstone Press
818 North Willow Street, Mankato, Minnesota 56001 • http://www.capstone-press.com

*Library of Congress Cataloging-in-Publication Data*
Burckhardt, Ann, 1933-
   [Pumpkins. Spanish]
   Calabazas/de Ann L. Burckhardt; traducción de Martín Luis Guzmán Ferrer; revisión de
traducción de María Rebeca Cartes.
   p. cm.—(Primeros lectores ciencias. Alimentos)
   Includes bibliographical references (p. 24) and index.
   Summary: Simple text introduces pumpkins and instructions are given for making a
pumpkin tambourine.
   ISBN 1-56065-786-3
   1. Pumpkin—Juvenile literature.  2. Nature craft—Juvenile literature.  [1. Pumpkin.
2. Spanish language materials.] I. Title. II. Series: Early-reader science. Foods. Spanish.
SB354.B8718  1999
641.3'562—dc21
                                         98-18383
                                            CIP
                                            AC

**Editorial Credits**
Martha E. Hillman, translation project manager; Timothy Halldin, cover designer
**Photo Credits**
Peter Ford, cover
Unicorn/Nancy Ferguson, 4; Martha McBride, 12; Tom Edwards, 14;
  Aneal Vohra, 18; Ted Rose, 20
Visuals Unlimited/Dick Keen, 6; D. Cavagnaro, 16

# Contenido

## ¿Qué es una calabaza?

La calabaza es una clase de calabacino. Un 90 por ciento de ésta es agua. Hay cepas de calabazas anaranjadas y calabacitas amarillas.

## Diferentes tipos de calabazas

Las cepas de calabaza crecen grandes y son fáciles de esculpir. Las calabacitas son más pequeñas y mejores para comer. Algunas calabazas anaranjadas son las Gran Max y las Lámparas de Calabaza. Algunas calabacitas son las Azúcar y las Cara Cómica.

## Partes de la calabaza

La calabaza tiene cinco partes principales. Éstas son: cáscara, carne, pulpa, semillas y tallo. Las calabazas crecen en enredaderas que pueden tener hasta nueve metros (30 pies) de largo.

## Dónde crecen las calabazas

En el Estado de Illinois se cultiva la mayoría de las calabazas de Norteamérica. Eureka, Illinois, se considera la capital mundial de la calabaza. Cada año, en su festival de la calabaza, se regalan 10.000 pasteles de calabaza.

## Cómo crecen las calabazas

Las calabazas necesitan mucho sol y agua para crecer. La enredadera de calabaza crece de las semillas de la calabaza. En la enredadera crecen flores. Algunas flores se convierten en pequeños bulbos verdes. Estos bulbos se convierten en calabazas.

## La cosecha

La calabaza está lista para cosecharse cuando su cáscara está dura. Entonces se corta de la enredadera. Las calabazas no pueden madurar mucho, pues se pueden podrir. Hay que cosecharlas antes de la primera helada.

## Cómo usamos las calabazas

De la calabaza pueden hacerse galletas, pan y sopa. Las semillas pueden tostarse y comerse como bocadillo. Los japoneses creen que la calabaza es una comida de buena suerte.

## Historia

La idea de las lámparas de calabaza viene de Irlanda. Un hombre llamado Jack esculpió la primera lámpara de calabaza de una remolacha. Los norteamericanos descubrieron que las calabazas eran más fáciles de esculpir.

## Calabazas y gente

El pastel de calabaza es una tradición de la Fiesta de Acción de Gracias. Las lámparas de calabaza son muy populares en Halloween. En el cuento de la Cenicienta, una calabaza se transforma en la carroza que la lleva al baile.

## Manos a la obra: Haz una pandereta de calabaza

Una pandereta es un instrumento con cascabeles de metal. Se toca sacudiéndola o golpeándola contra tu mano. Tú puedes hacer una pandereta usando semillas de calabaza.

**Vas a necesitar**

- 2 platos de aluminio para pastel
- una engrapadora
- listones
- semillas de calabaza
- etiquetas adhesivas

1. Asegúrate que las semillas de calabaza están limpias y secas.
2. Llena un plato de aluminio con las semillas.
3. Cubre el plato lleno con el plato vacío. Las dos partes de adentro deben estar frente a frente.
4. Engrapa los bordes de los platos. Pon las grapas muy juntas para que las semillas no puedan salirse.
5. Engrapa los listones en los mismos bordes de los platos.
6. Adorna tu pandereta con las etiquetas adhesivas.
7. Toca tu pandereta sacudiéndola o golpeándola contra tu mano.

# Conoce las palabras

**calabacinos**—comida que crece en enredaderas, como las calabazas, las sandías y los melones

**carne**—parte comestible de una fruta o verdura

**cosecha**—recoger la siembra

**podrirse**—estropearse de tal manera que no puede comerse

**tradición**—una costumbre que pasa de generación en generación

# Más lecturas

**Gillis, Jennifer Storey**. *In a Pumpkin Shell*. Pownal, Vt.: Storey Communications, 1992.

**Hall, Zoe**. *It's Pumpkin Time!* New York: Scholastic, 1994.

**King, Elizabeth**. *The Pumpkin Patch*. New York: Dutton Children's Books, 1990.

# Índice